W0363147

Faszination BergWälder

Die schönsten Waldlandschaften der Schweiz

Fotos · Roland Gerth Texte · Emil Zopfi

AS Verlag

Wir danken allen Institutionen, die mit ihrer Unterstützung die Realisierung dieses Buches ermöglicht haben:

Kultur Toggenburg
Lotteriefonds des Kantons Bern
Pro Natura
Stiftung Landschaftsschutz Schweiz (SL-FP)
Swisslos / Kulturförderung, Kanton Graubünden

www.as-verlag.ch

© AS Verlag & Buchkonzept AG, Zürich 2015
Gestaltung und Herstellung: AS Verlag, Urs Bolz, Zürich
Korrektorat: Pablo Egger, Speicher
Druck: B & K Offsetdruck GmbH, Ottersweier
Einband: Grossbuchbinderei Josef Spinner GmbH, Ottersweier
ISBN 978-3-906055-35-0

Vorsatz: Kunstwerk der Natur. Ein Arvenstrunk im Naturreservat God Tamangur im Unterengadin mit prächtigem Farb- und Formenspiel.

Neben Titel: Eine Gruppe von Fichten auf dem Heuberg hoch über dem Oeschinensee im Berner Oberland. Blick zum Doldenhorn und zur von Wolken verhangenen Blüemlisalpgruppe.

Folgende Doppelseite: Abendstimmung am Lac de Derborence im Unterwallis auf dem Gebiet der Gemeinde Conthey. Entstanden ist der See durch Bergstürze vom Gebirgszug Les Diablerets in den Jahren 1714 und 1749. Am Südostufer hat sich der jüngste Urwald der Schweiz entwickelt – mit Fichten, Lärchen, Bergföhren und Birken. See und Umgebung bilden ein Naturschutzgebiet von Pro Natura.

Riechen Sie den Wald?

Als ich das Titelbild des Buches «Faszination Bergwälder» zum ersten Mal vor Augen hatte, bin ich direkt in die Landschaft eingetaucht. Ich spürte den wärmenden Sonnenschein auf der Haut, hörte das Krächzen eines Tannenhähers und roch das würzige Aroma des Arvenholzes. Genau das gefällt mir am Werk von Roland Gerth und Emil Zopfi. Ich sehe nicht einfach Bilder. Texte und Fotos vermitteln Stimmungen. Sie wecken die Sehnsucht nach unverfälschter Natur. Keine störende Technik lenkt mich ab. Auch wenn sie so aussehen: die Wälder, die ich auf den Bildern sehe, sind oft keine unverfälschte Natur. Sie sind das Ergebnis weitsichtiger Entscheide zum Schutz und zur nachhaltigen Nutzung unserer Wälder, ohne die es die Schweizer Wälder in dieser Form nicht mehr geben würde.

Bis in die zweite Hälfte des 19. Jahrhunderts wurden überall in der Schweiz grosse Waldflächen kahl geschlagen und die übrigen Wälder für Brennholz, Bauholz und durch die Beweidung mit Vieh übernutzt. Seit 1876 darf die Waldfläche deshalb nicht mehr verkleinert werden, und es gilt ein Kahlschlagverbot. Dieses Schweizer Waldgesetz ist ein bespielloses Erfolgsmodell. Es ist noch heute in Kraft. Wie sich das auf die Wälder ausgewirkt hat, ist in diesem Buch eindrücklich erkennbar. Wir sehen beispielsweise reich strukturierte Fichtenwälder im Pays d'Enhaut VD, welche Dörfer und Strassen vor Lawinen und Steinschlag schützen und in denen gleichzeitig Holz genutzt wird. Wir sehen Wälder, die durch eine während Jahrhunderten ausgeübte traditionelle Nutzung entstanden sind, zum Beispiel die knorrigen Kastanienwälder. Sie erinnern uns daran, dass in den Südalpen die Kastanien während des Winters ganze Dörfer ernährten. Oder wir sehen die im Herbst golden leuchtenden Lärchenwälder im Engadin.

Ein Waldtyp ist in diesem Buch besonders häufig vertreten: Wälder, in denen sich die Natur frei entwickeln darf – sogenannte Naturwälder. Nur gut zwei Prozent unserer Waldfläche sind bisher als Naturwälder geschützt. Dabei müssten es mindestens deren zehn sein, damit die biologische Vielfalt erhalten bleibt. In diesem Buch finden Sie den ältesten Naturwald (Scatlé bei Brigels GR), den am besten erforschten (Schweizerischer Nationalpark im Engadin GR), den mystischsten (Derborence VS) und meinen persönlichen Favoriten (Onsernone TI, im geplanten neuen Nationalpark Locarnese). Pro Natura setzt sich seit ihrer Gründung vor über 100 Jahren für den Erhalt und den Schutz der Wälder in der Schweiz ein. Geniessen Sie die stimmungsvollen Bilder, lassen Sie sich zu Ausflügen animieren und helfen Sie mit, dass unsere durch Kultur und Natur geprägten Bergwälder auch in Zukunft erhalten bleiben.

Urs Tester
Biologe, Dr. phil. II
Pro Natura

Wälder – Schutz und Schmuck der Berge

Emil Zopfi

Waldesruhe Der Dichter Johann Wolfgang Goethe zog sich gern in eine Jagdhütte auf dem Kickelhahn zurück, einem Hügelzug im Thüringer Wald, um Ruhe zu finden vor dem Lärm der Stadt und der «unverbesserlichen Verworrenheit der Menschen». Im September 1780 schrieb er mit Bleistift an die Holzwand der Hütte eines seiner berühmtesten Gedichte:

Über allen Gipfeln
Ist Ruh,
In allen Wipfeln
Spürest du
Kaum einen Hauch;
Die Vögelein schweigen im Walde.
Warte nur, balde
Ruhest du auch.
Johann Wolfgang Goethe, «Ein Gleiches»

Es ist ein Augenblick, in dem der Wald den Atem anhält, ein Moment der Ruhe, die Zeit scheint stillzustehen. Mit dem Dichter spüren wir: Alles ist endlich, auch wir sind Teil der grossen Kreisläufe. Denn wo, wenn nicht in einem Wald, können wir das ständige Werden und Vergehen erfahren und begreifen? Das Knospen und Spriessen und Wachsen, das Blühen und Verwelken und Fallen der Blätter, das Modern und Faulen und sich Auflösen im Erdreich. Das ständige sich Erneuern der belebten Welt. Am Fuss eines Baums begraben zu werden ist heute der Wunsch vieler Menschen. Waldfriedhöfe sind beliebte letzte Ruhestätten geworden.

Waldesfurcht Wer schon nachts durch einen Wald gegangen ist, weiss jedoch: Hier herrscht niemals Stille. Mal knackt es da, mal raschelt es dort. Ein Flattern im Wipfel eines Baumes schreckt uns auf, ein Käuzchen ruft, in der Ferne heult ein Hund – oder ist der Wolf schon bei uns angekommen? Wälder sind Räume voller Geheimnisse, Rätsel und seltsamer Wesen. Märchen und Sagen erzählen davon. Hexe, Rumpelstilz, Räuber und Riesen bevölkern das finstere Nadelgehölz. Hier hausen wilde Tiere, Bär und Wolf und auch solche, wie wir sie noch nie gesehen haben. Wie jener Fuchs mit zwei Köpfen, der in einer Walliser Sage auftaucht und die Menschen erschreckt. Im Wald verbirgt sich das Böse. Lichtscheue Elemente schleichen durchs Unterholz. In jedem zweiten Krimi verscharrt der Täter die Leiche im Wald. Keine Mutter lässt heute ihr Kind allein in den Wald gehen. Gefahren lauern auf Schritt und Tritt, so die verbreitete Meinung. Ist's nicht ein Bösewicht oder tollwütiger Fuchs, so sind es Zecken, giftige Pilze oder Tollkirschen, die so verlockend glänzen und süss schmecken. Bald erschrecken wir selbst über das Knacken eines Astes, auf den wir treten, und den Weg verloren haben wir längst. Dazu braucht es nicht einmal Nacht zu sein. Selbst bei Tag verlieren wir die Orientierung zwischen den dunklen Stämmen, sehen buchstäblich vor lauter Bäumen den Wald nicht mehr. Und schon stehen wir vor einem Felsabsatz, so hoch wie die Wipfel der Fichten an seinem Fuss, und wissen nicht mehr vor noch zurück. In den scheinbar harmlosen aber steilen Wäldern des Uetlibergs bei Zürich geraten immer wieder Wanderer in Not und müssen mit Helikopter und Seilwinde aus ausweglosen Situationen gerettet werden.

Paradieswald Nur noch selten treffen wir heute Kinder im Wald an, es sei denn in Begleitung der Eltern oder in organisierten Gruppen wie Pfadfindern oder Waldkindergärten. Das war zu unserer Zeit noch anders. Der Wald war das Paradies, die Gegenwelt zu den von Erwachsenen kontrollierten Siedlungen. Der Wald war der Spiel- und Abenteuerplatz mit unbegrenzten Möglichkeiten. Wir streiften durchs Dickicht, folgten Bächen und stapften durch Moore, wir spielten Räuber und Polizist, Indianer und Höhlenbewohner. Wir bauten Hütten, machten Feuer und kochten in Blechbüchsen Tee aus Fichtentrieben oder Brennesseln. Unser Leitfaden war ein Heft des Schweizer Jugendschriftenwerks mit dem Titel «Waldläufer- und Trapperleben». Angst hatten wir kaum – allenfalls vor streunenden Hunden, Jugendbanden aus den Nachbardörfern oder einem Waldbesitzer, der uns davonjagte, weil wir für unsere Hütten Nägel in die Bäume geschlagen hatten. Unsere Eltern hatten keine Bedenken, wenn wir allein durch die Wälder zogen. Sie schickten uns in den Wald, um Fallholz zu sammeln oder Tannzapfen, die wir an der Sonne trockneten und zum Einfeuern brauchten. Wir brachten auch Beeren, Pilze und Haselnüsse nach Hause. Wälder sind Freiräume, auch im juristischen Sinn. Wald-

besitzer müssen jedermann das Betreten erlauben, falls der Schutz von Pflanzen oder Tieren nicht Einschränkungen bedingt. «Die Kantone sorgen dafür, dass der Wald der Allgemeinheit zugänglich ist», heisst es im Gesetz. Wälder gehören damit zu den uralten, öffentlich zugänglichen und nutzbaren Räumen wie Allmenden oder genossenschaftlich genutzte Alpweiden. Die Waldgesetzgebung gehört zu den Errungenschaften unserer demokratischen Gesellschaft.

Waldmenschen Unser Verhältnis zum Wald ist ambivalent. Es lockt die meditative Ruhe der Natur, und gleichzeitig erschrecken uns die unheimliche Einsamkeit und Stille sowie die wirklichen oder eingebildeten Gefahren. Wer die Hemmschwelle überwindet, die uns vor dem Betreten eines finsteren Forstes zurückhält, findet im Wald jedoch – wie Goethe – einen geschützten Raum intensiver Naturerfahrung und Kontemplation. Hier wohnen nicht nur die bösen Geister, sondern auch das Gute hat seinen Platz: die fleissigen Zwerge hinter den sieben Bergen, Elfen, Sankt Nikolaus oder der Waldgott Pan mit seiner Flöte aus Schilfrohr. Flüchtlinge und Verfolgte in aller Welt und zu allen Zeiten haben in Wäldern gelebt und überlebt, haben sich über «grüne Grenzen» in die Freiheit gerettet oder sich in Gebirgswäldern einer Widerstandsbewegung angeschlossen. Der Pfynwald im Oberwallis war in früheren Zeiten nicht nur ein Versteck für Räuber und Wegelagerer. Im Schutz des Waldes versammelten sich in den Jahren 1798 und 1799 Männer aus dem Tal und versuchten, die französischen Eroberer zurückzuschlagen. Nicht nur vor Feinden bietet der Wald Zuflucht, auch vor Wind und Wetter, Kälte und Hitze finden wir Schutz. Beeren, Wurzeln, Pflanzen, Nüsse, Pilze und auch Wildbret bieten Nahrung zum Überleben.

Während einer Lebenskrise zog sich der Dichter Hermann Hesse in den Kastanienwald bei Arcegno im Tessin zurück, schlief unter freiem Himmel, ernährte sich von Beeren, Sauerampfer, wilden Kirschen und Nüssen. Er schrieb: «Ich lebe nackt und aufmerksam wie ein Hirsch in meinem Geklüfte, bin dunkel rotbraun, schlank, zäh, flink, habe verfeinerte Sinne. Ich rieche reife Erdbeeren von weitem, kenne die Winde, Stürme, Wolkenformen und Wetterzeichen des Landes. Seit drei Wochen kenne ich kein Bett, kein Feuer, kein Brot, kein Fleisch, kein Gemüse, kein Gewürz, nicht Löffel noch Gabel, nicht Schüssel noch Becher.»

Auch heute tauchen gelegentlich Menschen auf, die am Rand unserer modernen Welt jahrelang als Waldmenschen überlebten, aus Zivilisationsmüdigkeit oder anderen persönlichen Gründen.

Das gelbe Laub erzittert,
Es fallen die Blätter herab;
Ach, alles, was hold und lieblich,
Verwelkt und sinkt ins Grab.

Die Gipfel des Waldes umflimmert
Ein schmerzlicher Sonnenschein;
Das mögen die letzten Küsse
Des scheidenden Sommers sein.

Mir ist, als müsst ich weinen
Aus tiefstem Herzensgrund;
Dies Bild erinnert mich wieder
An unsre Abschiedsstund'.

Ich musste von dir scheiden,
Und wusste, du stürbest bald;
Ich war der scheidende Sommer,
Du warst der kranke Wald.

Heinrich Heine, «Der scheidende Sommer»

Waldrodung Während der Steinzeit lebten die Menschen als Jäger und Sammler fast ausschliesslich vom Wald. Die Alpen waren bis zur Waldgrenze von ausgedehnten Urwäldern bedeckt. Zur Jungsteinzeit ab etwa 5000 vor unserer Zeitrechnung begann in unseren Gegenden die Umstellung auf Ackerbau und Viehzucht. Die Menschen wurden sesshaft, rodeten Wälder, um Häuser zu bauen, Äcker und Weiden wurden durch Brandrodungen gewonnen. Davon zeugen heute noch Flurnamen wie «Bränd», «Reute» oder «Rauti». Das Kalkbrennen und das Verhütten von Metallen

Der Baum, ein Lebensspender. An seinem Fuss gedeiht eine Vielfalt von Pflanzen, Pilzen und Moosen. Auf der Hundwiler Höhe an der Grenze zwischen Appenzell Innerrhoden und Ausserrhoden.

Kunstwerk Natur. Kein Künstler könnte ein schöneres Objekt schaffen als diese filigrane Eisskulptur an einem Baum in Alvaneu im Bündner Albulatal.

Jeder Tag ein neues Bild. Einzigartige Morgenstimmung mit Nebelschleiern über dem Hochmoor bei Rothenthurm im Kanton Schwyz.

Werden und Vergehen. Totholz bietet Nahrung und Lebensraum für Insekten, Ameisen, Käfer und Würmer. Baumstrunk auf der Alpe Saléi im Val Lavadina im Tessin.

ab der Bronzezeit, etwa 2000 vor unserer Zeitrechnung, verschlang stetig mehr Holz. In unseren Bergtälern fanden sich zahlreiche Eisen-, Blei- und Kupfervorkommen, die vor Ort verarbeitet wurden. Die Eisenverhüttung und Glasschmelze bei hohen Temperaturen benötigte grosse Mengen von Holzkohle. Köhler holzten für ihre Meiler ganze Wälder ab. Werkzeuge aus Metall ermöglichten die Verarbeitung von Stämmen zu Balken und Brettern und Möbeln, das Holzhandwerk verfeinerte sich. Im Mittelalter wuchs die Bevölkerung rasch und damit der Bedarf an Ackerland sowie an Tal- und Alpweiden für die Viehherden. Der Wald wurde immer weiter zurückgedrängt. In den Berggebieten kam es in der Folge vermehrt zu Naturkatastrophen wie Lawinen, Bergstürzen, Murgängen und Überschwemmungen. Das Verhältnis der Menschen zum Wald ist also auch im historischen Sinn ambivalent: Um ihre Lebensgrundlagen zu erweitern, zerstörten sie gleichzeitig einen Teil davon. Schon im Mittelalter wurden deshalb im Alpengebiet Bannwälder ausgeschieden. Die Bestände wurden allerdings wenig gepflegt, sodass sie überalterten und mässigen Schutz boten. Zudem liessen die Bauern das Vieh weiterhin im Wald weiden und den Jungwuchs schädigen.

Waldgrenze Während historischer Warmzeiten stieg die Waldgrenze zum Teil um dreihundert Meter an, die Gletscher gingen zurück. Der Verkehr über die Gebirgspässe nahm zu, etwa während der Römerzeit zu Beginn unserer Zeitrechnung. Gletscher, die zurückgehen, geben heute da und dort Holz frei, das auf so grosser Höhe nicht mehr wächst. Auch Sagen erzählen von Siedlungen in Höhenlagen, in denen es kaum mehr Vegetation gibt. So sollen auf dem Theodulpass im Wallis auf 3300 Metern über Meer mehrere Familien während des ganzen Jahres gewohnt haben. Am Fuss des Matterhorns sollen Schafe und Rinder geweidet haben, am Gornergletscher habe es ausgedehnte Wälder und Gebüsch gegeben.

In der Warmzeit zu Beginn des zweiten Jahrtausends kam es zur Wanderung der Walser aus dem Wallis in die östlichen Alpentäler und zur Besiedlung und Rodung höherer Lagen. Gegen Ende des Mittelalters kühlte sich das Klima ab, die Walsersiedlungen mit ihren typischen Blockbauten aus Holz mussten zum grossen Teil wieder aufgegeben werden. Einige konnten sich jedoch halten, zum Beispiel das höchste Tessinerdorf Bosco Gurin auf 1500 Metern über Meer. Alte Blockbauten finden sich auch im Walserdorf St. Martin im St. Galler Calfeisental, das aber nur noch im Sommer bewohnt ist.

Aufgrund der Klimaerwärmung steigt die Waldgrenze heute wieder allmählich an. Gegenwärtig liegt sie zwischen 1800 Metern über Meer auf ausgesetzten Gipfeln der Voralpen und 2500 Metern in den geschützten zentralalpinen Tälern des Wallis und Engadin. Am wenigsten hoch hinaufwachsen Buchen, am höchsten Lärchen und Arven. Die Grenze ist bestimmt durch die Temperatur während der Vegetationsperiode. Im Wurzelraum eines Baumes müssen mindestens 5 bis 7 Grad herrschen. Ist die Vegetationsperiode zu kurz oder zu kalt, haben Bäume nicht genügend Energie für das Wachstum des Stammes. An der Baumgrenze – die höher ist als die geschlossene Waldgrenze – machen sich Bäume selber Schatten und können sich deswegen nicht richtig entwickeln.

Waldschutz Holz wurde schon früh zum Exportartikel der Berggebiete. Die Nachfrage nach Energie- und Bauholz stieg im 18. und 19. Jahrhundert durch die Industrialisierung und das Bevölkerungswachstum rasch an. Die Folge war ein rücksichtsloser Raubbau an den Bergwäldern. Die Stämme wurden die Flüsse hinab ins Unterland geflösst. Die Luftqualität verschlechterte sich durch das Verbrennen von Holz und Kohle. Die Menschen in den industrialisierten Gebieten verloren die Beziehung zum Wald und zu seiner Funktion als «grüne Lunge» und Schutz gegen Naturgefahren. Die Bergbevölkerung reagierte eher fatalistisch auf die Bedrohung und die Schäden durch die schwindenden Wälder, sie fühlte sich den Katastrophen gegenüber machtlos. Man nahm die Ereignisse als Ausdruck höherer Gewalt oder Strafe der Natur hin.

Der sächsische Beamte Hans Carl von Carlowitz (1645–1714), Sohn eines Oberforstmeisters, erkannte auf weiten Reisen durch Europa, dass die Wälder respektvoll und pfleglich genutzt werden sollten. In einem ersten Werk über Forstwirtschaft prägte er den Begriff der Nachhaltigkeit. Es brauchte jedoch noch weitere Aufklärungsarbeit von Naturforschern und Fachleuten aus Waldbau und Wasserwirtschaft, die den Zusammenhang herstellten zwischen Naturkatastrophen und dem Zustand der Bergwälder. Schliesslich konnte ein Expertenteam unter Federführung des Polytechnikums Zürich (heute ETH) Anfang der 1860er-Jahre den direkten Einfluss der

Abholzung auf die Wasserführung der Flüsse, auf Lawinen und Erdrutsche wissenschaftlich erklären.

In der Mitte des 19. Jahrhunderts erreichte die Waldfläche der Schweiz mit etwa 7000 Quadratkilometern einen historischen Tiefstand – einen Drittel weniger als heute. Wegen Lawinen, Rutschungen und Überschwemmungen drohten ganze Talschaften, etwa die Surselva, zum Teil unbewohnbar zu werden. 1868 forderten Überschwemmungen in den Zentralalpen fünfzig Tote und verursachten riesige Schäden. Bundesrat und Presse organisierten eine grosse Sammelaktion. Im früh industrialisierten Zürcher Oberland kam es entlang der Töss im März und Juni 1876 zu verheerenden Überschwemmungen, die Dörfer, Brücken, Fabriken und die in jenem Jahr eröffnete Tösstalbahn beschädigten. Fast jedes Jahr führte die Töss Hochwasser, 1896 gar zehnmal.

Die Politik reagierte und schuf 1876 das erste Schweizer Forstpolizeigesetz mit einem Rodungsverbot. Wichtiger Vorkämpfer war der Bündner Kantonsforstinspektor, Topograf und Bergsteiger Johann Wilhelm Coaz (1822–1918), der in der Folge erster eidgenössischer Oberforstinspektor wurde. Er veranlasste Aufforstungen, Lawinenverbauungen, Sanierung von Schutzwäldern und die Schulung des Forstpersonals. Der Kanton Zürich kaufte im Tössbergland Wald und Bauerngüter, liess zwischen 1898 und 1920 über eine halbe Million Bäume pflanzen und die Bäche verbauen. Es gab Widerstand gegen die Aufforstung, da auch Landwirtschaftsland verloren ging, aber schliesslich musste niemand enteignet werden. Einige der Bauern fanden Arbeit in der Waldwirtschaft.

Als Baustoff erlebt Holz heute eine Renaissance: Aus dem natürlichen, elastischen, zähen und dauerhaften Material werden selbst Hochhäuser gebaut. Holz, das nicht als Baustoff verwendet werden kann, wird in umweltfreundlichen Holzheizkraftwerken für die Strom- und Fernwärmeproduktion eingesetzt. Der Holzverbrauch der Schweiz für Bau, erneuerbare Energie und Papier von 10 Millionen Kubikmetern wird nur gut zur Hälfte aus eigenen Wäldern gedeckt – obwohl genügend nachwachsen würde. Das hat auch damit zu tun, dass Forstarbeit sehr hart und gefährlich ist – viele ausgebildete Fachleute wechseln nach wenigen Jahren den Beruf. Die Waldwirtschaft hat also auch bei ihren Berufen ein Nachwuchsproblem.

Schutzwald Die Hälfte aller Schweizer Wälder haben eine Schutzfunktion, ohne dass sie als eigentliche Schutzwälder gelten. Schutzwälder brauchen eine ganz besondere Pflege. Seit dreissig Jahren kümmert sich die Schweizerische Gebirgswaldpflegegruppe um geeignete Massnahmen, damit ein Wald Lawinen, Erdrutsche und Steinschläge zurückhalten kann. «Allen war bewusst, wie wichtig diese Wälder sind», sagte der Bündner Kreisförster Arthur Sandri. «Wir wussten jedoch nicht, wie wir sie pflegen können, damit sie möglichst gut vor Naturgefahren schützen.» Inzwischen haben die Fachleute gelernt, dass die Bestände mit gezielten Pflegeeingriffen verjüngt werden müssen. Es wird jedoch nicht immer verstanden, wenn Förster im Schutzwald Bäume fällen und mit dem Helikopter ausfliegen lassen, damit frisches starkes Holz nachwachsen kann. Ein Problem beim Aufforsten des Schutzwaldes ist das Rotwild, vor allem die zu grosse Zahl von Hirschen. Ihnen schmecken die jungen Triebe der Nadelbäume, ganz besonders jene der Weisstannen, die sich am besten verwurzeln und sehr sturmsicher sind. Der Jungwuchs muss mit grossem Aufwand gegen den Wildverbiss geschützt werden. Schutzwaldpflege bringt auch Ertrag an Holz, ist jedoch nicht kostendeckend, aber immer noch wesentlich günstiger als technische Schutzbauten.

Eine wichtige Schutzfunktion hat der Wald zum Beispiel am Kilchenstock bei Linthal im Kanton Glarus. In den 1930er-Jahren drohte ein Bergsturz das Dorf zu verschütten, da auch hier Raubbau am Wald betrieben worden war. Aufforstungen und die Pflege des Schutzwaldes konnten den labilen Berg stabilisieren. Besonders vorbildlich in der Schutzwaldpflege ist das Goms mit seinen vielen Schutzwäldern. 2013 wurde die Organisation «Forst Goms» mit dem «Binding Waldpreis» ausgezeichnet. Die «Sophie und Karl Binding Stiftung» vergibt den Preis seit 1987 jährlich an einen Schweizer Waldeigentümer oder einen Forstbetrieb, der sich in vorbildlicher Weise für die Pflege und Erhaltung des Waldes einsetzt.

Waldland Die Schweiz ist ein Waldland, ein Drittel der Gesamtfläche ist mit Wald bewachsen, also knapp 12 800 Quadratkilometer. Davon ist ein Drittel Laubholz, der Rest Nadelholz. Besonders waldreich sind der Jura und die Alpensüdseite. Vergleichen wir alte Fotos von Wäldern – vor allem von Bergwäldern – mit heutigen Bildern, stellen wir fest: Die Waldfläche nimmt zu! Grasflächen verschwinden,

Licht und Schatten.
Wer wünscht sich nicht, im Schatten eines Baumes zu ruhen und zu träumen. Wie hier im wilden und verwunschenen Breccaschlund im Freiburgischen.

Zeitzeuge Wald. Hunderte von Jahren alt sind viele der Arven im Aletschwald am Grossen Aletschgletscher im Wallis.

Fichtenwald und Erlengebüsch breiten sich über verlassene Alpweiden aus, Steilhänge sind aufgeforstet, in Schuttrunsen haben sich Legföhren festgesetzt. Um sieben Prozent pro Jahr ist die Waldfläche des Landes in den vergangenen zwanzig Jahren gewachsen – weltweit ist sie um sieben Prozent pro Jahr geschwunden. Der Zuwachs an Waldfläche ist in den Alpen und auf der Alpensüdseite besonders hoch. Ein Grund ist der Rückgang der Alpwirtschaft, aber auch das allmähliche Ansteigen der Waldgrenze durch den Klimawandel.

Das vor dreissig Jahren als gravierendes Umweltproblem befürchtete Waldsterben ist nicht eingetroffen – im Gegenteil. In jüngster Zeit wurde gar der Begriff der «Verwaldung» geprägt für das Ausbreiten der Wälder in ungenutzte Kulturflächen. Die damalige Angst vor dem grossflächigen Absterben des Waldes hat jedoch politisch einiges bewirkt, nachdem im Mai 1984 eine grosse Demonstration vor dem Bundeshaus die Verbesserung der Luftqualität forderte und eine Sondersession des Parlamentes Massnahmen gegen die Luftverschmutzung durch fossile Brennstoffe beschloss. Strengere Abgasnormen, schwefelarmes Heizöl und Katalysatoren für Motorfahrzeuge haben nicht nur dem Wald geholfen, sich zu erholen, sie haben auch unzählige Menschen vor Lungenleiden bewahrt.

Waldpark Eine Pioniertat zum Schutz der Wälder war 1914 die Gründung des Schweizerischen Nationalparks am Ofenpass durch Mitglieder der Schweizerischen Naturforschenden Gesellschaft und des Schweizerischen Bundes für Naturschutz, heute Pro Natura. Die ursprüngliche Ausdehnung von 143 Quadratkilometern ist auf 170 Quadratkilometer angewachsen, beteiligt sind die fünf Gemeinden Zernez, S-Chanf, Scuol, Val Müstair und Lavin. Ein Drittel der Parkfläche ist Wald, vor allem Berg- und Legföhrenbestände mit viel Totholz. Die Wälder am Ofenpass wurden in früheren Jahrhunderten mehrmals kahlgeschlagen. Heute dominieren Pionierwälder mit Bergföhren die Landschaft, die sogenannten «Ofenpasswälder». Das Ökosystem umfasst mehrere Tausend Tier- und Pflanzenarten. Selbst der Bär ist hier wieder aufgetaucht. Seit 1979 ist der Nationalpark ein UNESCO-Biosphärenreservat.

Im Park wird die Natur ihrer uneingeschränkten Entwicklung überlassen, sodass langfristig ein Zustand wie vor 5000 Jahren erreicht werden könnte. Es darf weder gejagt noch Holz geschlagen werden, Wiesen werden nicht gemäht. Wege, die für Besucher angelegt sind, dürfen nicht verlassen, und es darf kein Feuer gemacht werden. Die Wanderwege dienen dazu, den Menschen den Zugang als Beobachter oder Forscher zu ermöglichen. Der Nationalpark soll bei der Bevölkerung das Verständnis für die Natur wecken, sie zu praktischem Naturschutz hinführen und das Wissen über die natürlichen Prozesse fördern. Acht Parkwächter sorgen dafür, dass die jährlich 150 000 Besucher die Regeln einhalten. Für das Verlassen der Wege, das Blumenpflücken oder das Mitführen von Hunden können sie Bussen verteilen. Eine Erfolgsgeschichte mit Schattenseiten: Der grosse Andrang stört die Tiere, die im Park leben, sodass sie zunehmend in der Nacht aktiv werden – und damit für die Besucher nicht mehr sichtbar.

In jüngster Zeit sind weitere regionale Naturpärke entstanden, zusammengefasst im Netzwerk Schweizer Pärke. Mit dem Label «Regionaler Naturpark» werden seit 2008 Regionen ausgezeichnet, die über seltene und vielfältige Lebensräume verfügen oder eine Landschaft mit besonderer Schönheit und Eigenart. Die gesetzlichen Grundlagen und Anforderungen sind in der Schweizer Pärkeverordnung festgelegt. In regionalen Naturpärken wird im Gegensatz zur unberührten Wildnis des Nationalparks eine nachhaltige ökonomische und gesellschaftliche Entwicklung zusammen mit der ansässigen Bevölkerung angestrebt. Dies kann naturnaher Tourismus sein oder die Förderung und Entwicklung von regionalen Produkten. Zum Netzwerk gehören unter anderen die UNESCO-Biosphäre Entlebuch, die Biosfera Val Müstair, die Naturpärke Binntal, Chasseral, Diemtigtal, Ela, Gantrisch, Jurapark Aargau und Gruyère Pays-d'Enhaut.

Urwald Drei Urwälder gibt es in der Schweiz. Das sind Wälder, die seit Jahrhunderten ungenutzt geblieben sind, vor allem wegen ihrer unzugänglichen Lage. Der jüngste Föhren- und Fichtenurwald liegt am Südostufer des Lac de Derborence im Wallis. Der See ist nach Bergstürzen vom Gebirgszug Les Diablerets in den Jahren 1714 und 1749 entstanden. Der Roman «Derborence» des Waadtländer Dichters Charles Ferdinand Ramuz erzählt, wie die Geröllmassen Alpen zerstörten, Menschen und Vieh begruben und den See aufstauten. Im Jahr 1958 erwarb der Schweizerische Bund für Naturschutz, finanziert durch eine Schoggitaleraktion, die vormaligen Gemeindewaldflächen und richtete ein Naturschutzgebiet rund um den See ein.

Wildnis vor der Haustür.
Das Vallon de Nant am Fuss des Grand Muveran gilt als wildestes Tal der Waadt.

Natur braucht Schutz.
In den Moorgebieten bei Les Ponts-de-Martel im Berner Jura wurde bis in jüngster Zeit noch Torf gestochen.

Ebenfalls sehr unzugänglich auf einer prähistorischen Bergsturzhalde gelegen ist der Fichtenwald von Scatlé am Osthang des Val Frisal bei Brigels in der Surselva. Das mit grossen Felsblöcken und Spalten durchsetzte Gelände ist seit Jahrhunderten ungenutzt geblieben. Scatlé bedeutet «eingeschachtelt». 1910 schloss der Schweizerische Bund für Naturschutz, heute Pro Natura, einen Vertrag mit der Gemeinde Brigels für das älteste Waldreservat der Schweiz. Vertragspartner ist auch die ETH Zürich, die Forschungen betreibt zur natürlichen Waldentwicklung, Biodiversität und der Bedeutung des Totholzanteils.

Wissenschaftlich entspricht der Bödmerenwald im Karstgebiet am Pragelpass im Kanton Schwyz nicht genau den Anforderungen, die an einen Urwald gestellt werden. Obwohl mit 450 Hektaren einer der grössten und urtümlichsten Fichtenwälder der Alpen, mit über fünfhundert Jahre alten Bäumen, sei die Totholzmenge zu gering. Sie bildet die Lebensgrundlage für eine Vielfalt an Tieren, Insekten, Flechten, Moosen und Pilzen. Älpler hätten früher in dem Wald Holz gesammelt und geschlagen. Seit 1983 steht der Wald unter dem Schutz der Stiftung Urwaldreservat Bödmeren, 70 Hektaren sind als Reservat geschützt. Besitzer ist die Oberallmeindkorporation Schwyz. Auch hier unterhält die ETH eine Versuchsparzelle für die Forschung.

Waldmusik Was wären die Berge ohne Wald? Es wären unwirtliche, vertrocknete Steinwüsten, Fels und Geröll, im Sommer von Steinschlägen und Erdrutschen, im Winter von Lawinen durchzogen. Wälder sind die eigentlichen Lebensspender im Gebirge, sie sind Schutz und Schmuck der Lebenswelt der Menschen in den Alpen. Vom frisch spriessenden Grün der Laubbäume und Lärchen bis zu den goldenen und bunten Herbstfarben und der Glitzerwelt von Reif und Schnee im Winter. Eine Welt, die sich täglich neu zeigt in ihrer Schönheit, ihren Stimmungen und Stimmen. Dieses Buch zeigt eine Vielfalt an Erscheinungsformen der Waldnatur mit ihren stillen Kunstwerken der Schöpfung. Betrachten wir die Bilder, so nehmen wir nicht nur das Farben- und Formenspiel wahr, wir riechen förmlich das nasse Laub und das morsche Holz, das Harz am Stamm einer Arve, den würzigen Duft junger Föhrentriebe. Wir hören den Wind durch die Kronen der Fichten streichen, das Knarren der Stämme, die sich schwankend aneinanderreiben. So wie der junge Dichter im Waldlied von Gottfried Keller:

Arm in Arm und Kron an Krone
steht der Eichenwald verschlungen,
heut hat er bei guter Laune
mir sein altes Lied gesungen.

Fern am Rande fing ein junges
Bäumchen an sich sacht zu wiegen,
und dann ging es immer weiter
an ein Sausen, an ein Biegen,

kam es her in mächtgem Zuge,
schwoll es an zu breiten Wogen,
hoch sich durch die Wipfel wälzend,
kam die Sturmesflut gezogen.

Und nun sang und pfiff es graulich
in den Kronen, in den Lüften,
und dazwischen knarrt' und dröhnt'
es unten in den Wurzelgrüften.

Manchmal schwang die höchste Eiche
gellend ihren Schaft alleine,
donnernder erscholl nur immer
drauf der Chor vom ganzen Haine!

Einer wilden Meeresbrandung
hat das schöne Spiel geglichen;
alles Laub war, weisslich schimmernd
nach Nordosten hingestrichen.

Also streicht die alte Geige
Pan der Alte laut und leise,
unterrichtend seine Wälder
in der alten Weltenweise.

In den sieben Tönen schweift er
unerschöpflich auf und nieder,
in den sieben alten Tönen,
die umfassen alle Lieder.

Und es lauschen still die jungen
Dichter und die jungen Finken,
kauernd in den dunklen Büschen
sie die Melodien trinken.
Gottfried Keller, «Waldlied»

Ostschweiz		Koordinaten	Seite
1	Obergössigen (SG)	2'734159.28, 1'235297.53	18
2	Ofenloch (SG)	2'738619.68, 1'235752.01	20
3	Hinteres Neckertal (SG)	2'738322.19, 1'236034.50	21
4	Leuenfall (AI)	2'747188.18, 1'239682.48	22/23
5	Lutertannen (SG)	2'738818.50, 1'233808.30	24
6	Kronberg (AI)	2'742901.54, 1'239564.94	25
7	Selamatt (SG)	2'740724.07, 1'227010.56	26
8	Thurtaler Stofel (SG)	2'739024.08, 1'225885.55	27
9	Klausenpass (GL)	2'716116.73, 1'196617.61	28/29
10	Murgtal (SG)	2'731641.41, 1'211599.26	30/31
11	Gonzen (SG)	2'751575.49, 1'215015.72	32/33
12	Chapfensee (SG)	2'747600.31, 1'212635.27	34
13	Melser Hinterberg (SG)	2'750207.76, 1'212852.80	35
Graubünden			
14	Stazerwald (GR)	2'786392.99, 1'152325.98	36
15	Lantsch (GR)	2'763518.42, 1'172280.05	38
16	Maienfeld (GR)	2'758983.13, 1'209470.02	39
17	Ruinaulta (GR)	2'743598.87, 1'185297.85	40/41
18	Urwald Scatlé (GR)	2'722711.77, 1'183105.42	42
19	Crestasee (GR)	2'743583.24, 1'188179.75	43
20	Preda, Albulapass (GR)	2'777881.69, 1'162881.53	44
21	Alvaneu (GR)	2'769476.67, 1'171716.54	45
22	Palpuognasee (GR)	2'779689.73, 1'161649.95	46/47
23	God Tamangur (GR)	2'823493.23, 1'173722.20	48/49
24	Münstertal (GR)	2'829645.55, 1'166089.59	50
25	Ofenpass (GR)	2'819724.14, 1'168632.33	51
26	Champlönch, Nationalpark (GR)	2'809844.10, 1'172892.31	52/53
27	Unterengadin (GR)	2'812087.15, 1'184977.71	54
28	Ofenpass, Nationalpark (GR)	2'808823.66, 1'171945.40	55
29	Silsersee (GR)	2'776970.51, 1'145252.68	56/57
30	Soglio (GR)	2'761403.30, 1'133964.64	58/59
Zentralschweiz und Tessin			
31	Tösstock (ZH)	2'714098.99, 1'240283.35	126/127
32	Raten, Rothenthurm (ZG)	2'693691.96, 1'221735.26	60
33	Schächental (UR)	2'700719.02, 1'191946.57	62
34	Bödmerenwald (SZ)	2'707151.66, 1'203977.22	63
35	Hochmoor Rothenthurm (ZG)	2'695199.64, 1'222070.67	64/65
36	Rorwald (OW)	2'649168.85, 1'186042.71	66
37	Glaubenbielen (OW)	2'648768.85, 1'185167.72	67
38	Schrattenflue (LU)	2'640923.89, 1'187544.62	68/69
39	Fontana,Val di Bavona (TI)	2'687714.34, 1'134816.01	70/71
40	Alpe Saléi (TI)	2'685891.56,1'119376.56	72/73

		Koordinaten	Seite
41	Alpe Casaccia (TI)	2'706282.54, 1'155482.09	74/75
42	Onsernonetal (TI)	2'695899.67, 1'117643.51	76
43	Valle di Bosco Gurin (TI)	2'685371.84, 1'129222.42	77
Bern und Freiburg			
44	Beatenberg (BE)	2'629553.71, 1'172871.77	78
45	Dürsrütiwald (BE)	2'625491.47, 1'200841.05	80
46	Goucherewald (BE)	2'621572.55, 1'191002.81	81
47	Niederhorn (BE)	2'626834.02, 1'174220.61	82/83
48	Reichenbachtal (BE)	2'655893.21, 1'172192.73	84
49	Chaltenbrunnen (BE)	2'654938.21, 1'172987.76	85
50	Lauenental (BE)	2'592070.20, 1'137874.29	86
51	Oeschinensee (BE)	2'621651.30, 1'149252.78	87
52	Gurnigel (BE)	2'600786.85, 1'175698.83	88/89
53	Breccaschlund (FR)	2'587239.09, 1'166563.17	90/91
Wallis und Waadt			
54	Riederalp, Aletschwald (VS)	2'645024.71, 1'137564.19	92
55	Aletschwald (VS)	2'645879.70, 1'137974.20	94/95
56	Fafleralp, Lötschental (VS)	2'633205.37, 1'142877.00	96
57	Grundsee, Lötschental (VS)	2'633562.88, 1'142934.50	97
58	Leuk (VS)	2'615714.39, 1'133393.21	98
59	Illgraben (VS)	2'612435.81, 1'124202.71	99
60	Turtmanntal (VS)	2'620455.78, 1'115412.46	100
61	Pfynwald (VS)	2'611730.91, 1'128267.88	101
62	Riffelalp (VS)	2'624380.78, 1'094713.23	102/103
63	Prarion, Alpe Balavaux (VS)	2'587423.25, 1'111394.14	104
64	Grindjisee (VS)	2'627287.80, 1'095591.72	105
65	Vallon de Nant (VD)	2'574504.88, 1'122598.30	106
66	Derborence (VS)	2'583046.98, 1'125357.24	107
67	Pays d'Enhaut (VD)	2'571215.68, 1'139565.61	108/109
Jura			
68	Wasserflue (AG)	2'643874.72, 1'253510.14	110
69	Col du Mont-Crosin (BE)	2'569585.04, 1'226866.91	112
70	Chasseral (BE)	2'568892.50, 1'218511.26	113
71	Etang de la Gruère (JU)	2'570249.68, 1'232163.71	114/115
72	Gorges de l'Areuse (NE)	2'547820.75, 1'200106.13	116
73	Vallée des Ponts (NE)	2'546814.67, 1'204944.20	117
74	Col de la Vue des Alpes (NE)	2'557851.76, 1'213305.35	118
75	St-Brais (JU)	2'576289.30, 1'239917.08	119
76	Creux du Van (NE/VD)	2'545296.76, 1'198455.21	120/121/122
77	Le Mont (VD)	2'543991.32, 1'195439.74	123
78	Dent de Vaulion (VD)	2'516826.46, 1'170836.40	125

Der Ort des Waldes kann mithilfe der Koordinaten auf der Internetseite **map.geo.admin.ch** ermittelt werden.

Quelle: Bundesamt für Landestopografie

Ostschweiz

Ahornbäume auf der Alp Ober-
gössigen im Toggenburg. Das
Laub wurde früher als Futter und
Streue für das Vieh genutzt.

Links: Zum Ofenloch, einer grossen Nagelfluhhöhle am Ursprung des Necker, führt ein romantischer Wanderweg von Hemberg im Toggenburg durch den Neckerwald.

Rechte Seite: Abgestorbene Weisstanne auf der Alpweide Neuwald über der Neckerschlucht. Auf den felsigen Steilhängen der gegenüberliegenden Talseite konnte sich der Mischwald nur teilweise festsetzen.

Dichter Buchenwald umgibt den Leuenfall des Berndlibachs bei Weissbad im Alpstein, Appenzell Innerrhoden. An den Rändern des Bachs gedeihen Pestwurz und Geissbart.

Links: Das tief verschneite Lutertannen an der Strasse von Neu St. Johann zur Schwägalp. Der Name weist auf den Baumbestand auf der Alpweide und im angrenzenden Dacheggwald hin.

Rechte Seite: Abendstimmung auf dem Kronberg im Norden der Schwägalp an der Grenze zwischen Appenzell Inner- und Ausserrhoden. Blick gegen Westen zum Stockberg und dem Glärnisch am Horizont.

Links: Totholz auf der Selamatt am Nordfuss der Churfirsten. Als Lebensgrundlage für eine Vielzahl von Insekten, Moosen, Pilzen, Flechten und Pflanzen von grosser Bedeutung für das Ökosystem und die Artenvielfalt.

Rechte Seite: Mit Riedgras durchwachsener Moorsee inmitten eines lichten Fichtenbestandes auf dem Thurtaler Stofel, einer Alp auf der Selamatt am Nordfuss der Churfirsten. Am Horizont der Brisi (links) und der Frümsel.

Folgende Doppelseite: Winterwald am Klausenpass unterhalb der Alp Fritern. Jenseits des Tals der Linth im Schatten der von Runsen und Lawinenzügen durchfurchte Schutzwald des Kilchenstocks. Wegen Raubbau am Wald drohte hier in den 1930er-Jahren ein grosser Bergsturz.

Links: Waldameisenhügel am Fuss einer Arve (Zirbelkiefer) im Arvenreservat Unter Murgsee im Murgtal, südlich des Walensees. Die fleissigen Baumeister sind ein wichtiger Teil des Ökosystems, sie vertilgen Schädlinge, verbreiten Samen und sind selber Nahrung für Vögel. Waldameisen gehören zu den bedrohten Tierarten und sind geschützt.

Rechte Seite: Legföhren am Unter Murgsee, einem auf Initiative von Pro Natura geschaffenen Arvenreservat und Pflanzenschutzgebiet. Im Hintergrund der Murgbachfall, Abfluss des fischreichen Ober Murgsees. Rechts am Hang eine Gruppe Arven.

Herbststimmung an der Baumgrenze auf 1800 Metern über Meer unter dem Gipfel des Gonzen hoch über dem St. Galler Rheintal. Am Horizont über der Eberesche mit den roten Blättern der Gauschla, erster Gipfel der Alviergruppe, links davon der Alvier. Alte Lawinenverbauungen aus Naturholz schützen, zusammen mit dem Baumbestand, die Steilhänge, die gegen den Walserberg hinunterziehen.

Links: Natur und Technik im Einklang. Birken im Herbstlaub spiegeln sich im Chapfensee oberhalb von Mels im Sarganserland. Der idyllisch gelegene und fischreiche Stausee und die Moorgebiete in der Umgebung stehen unter Naturschutz. Der See dient seit 1948 als Energielieferant für ein Kleinkraftwerk der Gemeinde Mels.

Rechte Seite: Silberner Säulentempel der Natur. Prächtiger Buchenbestand am Melser Hinterberg. Die Buche war dank ihres hohen Brennwerts lange das begehrteste Energieholz. Heute ist die Nachfrage zurückgegangen.

Graubünden

Morgennebel auf dem Stazersee bei St. Moritz im Oberengadin. Die Sonne berührt die Spitzen der Arven und Lärchen des Stazerwaldes am Fuss der Rosatschgruppe. Die von Gletschern geformte Landschaft mit Flach- und Hochmooren gehört zum Bundesinventar der Landschaften und Naturdenkmäler von nationaler Bedeutung.

Links: Baumgruppe mit Espen (Zitterpappeln) im Herbstlaub auf einer Alpweide bei Lantsch (Lenz) auf der Lenzerheide in Graubünden. Die Sonne steht über dem Julierpass.

Rechte Seite: Eine Gruppe von Eichen auf einer Waldweide beim Steigwald nördlich von Maienfeld in der Bündner Herrschaft. Der «Heidibrunnen» in der Nähe erinnert an die Heidi-Romane von Johanna Spyri.

Die Ruinaulta, der Grand Canyon Graubündens am Vorderrhein. Die vierhundert Meter tiefe Schlucht durch die Gesteinstrümmer des prähistorischen Flimser Bergsturzes ist ein einzigartiges Biotop mit Föhrenwäldern, in denen Orchideen gedeihen und seltene Schmetterlinge einen geschützten Lebensraum finden.

Links: Der Fichtenwald von Scatlé am Osthang des Val Frisal bei Brigels in der Surselva bleibt seit Jahrhunderten ungenutzt. Auf einer steilen, mit grossen Felsblöcken und Spalten durchsetzten prähistorischen Bergsturzhalde gelegen, ist er einer von drei Urwäldern der Schweiz. 1910 übernahm der Schweizerische Bund für Naturschutz, heute Pro Natura, den Vertrag mit der Gemeinde Brigels für das älteste Waldreservat der Schweiz.

Rechte Seite: Der Crestasee im Grosswald von Flims auf dem Schuttkegel des prähistorischen Flimser Bergsturzes wird aus unterirdischen Quellen gespeist. Im klaren Wasser spiegelt sich der von der Morgensonne beschienene Felsklotz des Flimsersteins (Crap da Flem).

Links: Lärchenwald im Frühling an der jungen Albula – romanisch Alvra – bei Preda am Albulapass. Die Lärchen sind sommergrüne Bäume, ihre nadelförmigen Blätter werden im Herbst gelb und fallen ab.

Rechte Seite: Eine Gruppe von Espen im Herbstkleid, davor ein rötlich belaubter Wildkirschbaum auf einer Alpweide bei Alvaneu im Albulatal. Die Fichten- und Lärchenwälder an den felsdurchsetzten Steilhängen auf der andern Talseite heissen Grünwald und Schwarzwald. Alvaneu gehört mit 18 weiteren Gemeinden Mittelbündens zum Parc Ela, dem grössten regionalen Naturpark der Schweiz.

Folgende Doppelseite: Fichten- und Lärchenwald am Palpuognasee (Lai da Palpuogna) am Albulapass. Der See wurde 1898 wenig aufgestaut, um Strom für den Bau des Albulatunnels zu gewinnen, er wird noch heute zur Stromerzeugung genutzt. Im Hintergrund der Zwillingsgipfel der Dschimels und der Piz da las Blais.

Links: Totes und lebendes Holz im Arvenreservat God Tamangur im obersten Val Scarl im Unterengadin. Im höchstgelegenen reinen Arvenwald Europas wachsen einzelne Bäume bis auf die Höhe von 2400 Metern über Meer, einige sind gegen 700 Jahre alt.

Rechte Seite: Wie von der Hand eines Künstlers gestaltet steht dieser Baumstrunk im Arvenreservat God Tamangur. Seit der Unterengadiner Dichter Pieder Lansel in einem Gedicht den Arvenwald im Val Scarl mit dem bedrohten Rumantsch verglichen hat, ist er ein Symbol für die romanische Kultur und Sprache geworden.

Links: Herbstliche Alpweide bei Santa Maria im Münstertal (Val Müstair) in Graubünden, im Vordergrund die gefiederten Blätter einer Eberesche. Das Projekt Biosfera Val Müstair – Parc Naziunal setzt sich ein für die Erhaltung und Entwicklung der Natur- und Kulturlandschaft in der Region südlich des Ofenpasses.

Rechte Seite: Alpiner Mischwald mit Bergföhren, Fichten und Lärchen auf den weiten Schutthalden an der Ostflanke des Piz Daint südöstlich der Ofenpasshöhe am Rande des Schweizerischen Nationalparks. Das dichte Legföhrengestrüpp auf dem Schuttstrom verhindert Steinschläge und Erosion.

Vorangehende Doppelseite: Morgenstimmung in Champlönch im Schweizerischen Nationalpark, Blick zum Munt Chavagl. Ein Drittel der Fläche des 1914 gegründeten Naturschutzgebietes ist von Wald bedeckt. Die Wälder am Ofenpass wurden in früheren Jahrhunderten mehrmals kahlgeschlagen. Heute dominieren Pionierwälder mit Bergföhren die Landschaft, man nennt sie auch «Ofenpasswälder».

Links: Blick von Ardez ins Unterengadin. In der Bildmitte über den Kronen der Espen (Zitterpappeln) Schloss Tarasp, am Horizont die Bergkette der «Unterengadiner Dolomiten» mit dem Piz Lischana.

Rechte Seite: Frühwinter im Nationalpark an der Ofenpassstrasse über dem Val dal Spöl mit dem Staubecken Lai da Ova Spin. Erster Schnee liegt auf den Hängen von Piz Terza (rechts) und Piz Murter. Gegen das Projekt der Wasserkraftnutzung im Nationalpark gab es in den 1950er-Jahren Widerstand, der jedoch an einer Volksabstimmung scheiterte.

Goldener Lärchenherbst am Silsersee im Oberengadin. Die weit in den See vorspringende Halbinsel Chastè mit dichtem Lärchen- und Arvenwald war ein Lieblingsort des Philosophen Friedrich Nietzsche. Nebelflocken schweben am Fuss des Piz da la Margna mit dem Fextal links und den Bergeller Bergen rechts im Hintergrund.

Links: Die Blätter der Edelkastanie unterhalb von Soglio im Bergell sind braun verfärbt und fallen ab. Der Baum ist von der aus China eingeschleppten Kastaniengallwespe befallen, die sich seit 2009 im Tessin und den Bündner Südtälern verbreitet hat. Die Kastanienernte ist zum Teil bis auf einen Fünftel zurückgegangen, Schäden an den Schutzwäldern werden befürchtet.

Rechte Seite: Kastaniengehölz unterhalb von Soglio mit Blick zu den Granitgipfeln der Scioragruppe über dem Bondascatal. Die Kastanien wurden vor 2000 Jahren von den Römern ins Tal gebracht, ihre Früchte bildeten während Jahrhunderten eine Hauptnahrung der lokalen Bevölkerung.

Zentralschweiz und Tessin

Morgennebel streicht über das Hochmoor von Rothenthurm. Wie ein Scherenschnitt erscheint im Osten das Bergpanorama vom Säntis bis zu den Churfirsten im Blick vom Raten, einem Passübergang zwischen Biberbrugg im Kanton Schwyz und Oberägeri im Kanton Zug.

Links: Die auffallende Reihe von Bergahornbäumen in einer Kurve der Klausenpassstrasse bei Urigen im Schächental ist sogar in der Landeskarte verzeichnet. Das Ahornlaub wird von den Bauern nicht mehr verwendet, das Einsammeln ist aufwendig und bringt Schmutz und Ungeziefer in den Stall.

Rechte Seite: Der Bödmerenwald im Karstgebiet auf der Schwyzer Seite des Pragelpasses zwischen den Kantonen Schwyz und Glarus hat sich seit der letzten Eiszeit als einzigartiger subalpiner Urwald entwickelt – mit Moorbirken, Bergföhren, Buchen und bis zu 500 Jahre alten Fichten. Umgestürzte Bäume bleiben liegen, das Totholz ist Lebensgrundlage für eine Vielfalt von Tieren, Insekten, Flechten, Moosen und Pilzen. Seit 1983 steht der Wald unter dem Schutz der Stiftung Urwaldreservat Bödmeren. Blick zum zackigen Mieserenstock über dem Pass.

Folgende Doppelseite: Das Hochmoor zwischen Rothenthurm und Biberbrugg im Kanton Schwyz ist eines der grössten der Schweiz und umfasst eine Vielfalt von Lebensräumen: Bergföhren- und Fichtenbestände, Torfstiche, Flachmoore und die Auenlandschaft am Flüsschen Biber. Für das einzigartige Biotop engagieren sich Pro Natura und weitere Umweltverbände. Der Widerstand gegen einen geplanten Waffenplatz in diesem Gebiet führte 1987 zur erfolgreichen Volksinitiative für den Schutz der Schweizer Moore.

Links: Der schwer zugängliche Rorwald oberhalb von Giswil im Kanton Obwalden wurde vom Sturm «Lothar» im Dezember 1999 und vom anschliessenden Borkenkäferbefall stark betroffen. Seit dem Jahr 2000 ist er durch einen Vertrag zwischen Pro Natura, dem Kanton und den Eigentümern als Waldreservat geschützt. Nebst artenreichem Waldbestand ist er ein Rückzugsgebiet für Auerwild, Birk- und Haselhühner.

Rechte Seite: Bergfrühling in der Moorlandschaft an der Panoramastrasse über den Glaubenbielenpass zwischen Giswil in Obwalden und Sörenberg im Entlebuch im Einzugsgebiet der Waldemme. Im Nebel über den Spitzen der Fichten die Rossflue.

Morgenstimmung in der Karstlandschaft der Schratteflue im Kanton Luzern. Der Felsriegel aus Schrattenkalk gehört zur Kernzone der 400 Quadratkilometer umfassenden UNESCO-Biosphäre Entlebuch, dem im Jahr 2000 durch acht Gemeinden geschaffenen ersten regionalen Naturpark der Schweiz.

Links: Kastanienwald im Frühling bei Fontana im Val Bavona, einem der wildesten Täler des Tessin. Am Hintergrund über Bignasco, wo die Bavona in die Maggia mündet, markant der Sasso Bello (links) und der Pizzo di Castello. Rechts mit der Antenne die Costa Piana.

Rechte Seite: Herbst im Kastanienwald bei Fontana im Val Bavona – Zeit fürs Marronisuchen im Laub. Letzten Herbst war der Ertrag allerdings karg wegen der Kastaniengallwespe, die auch die Tessiner Kastanienwälder befallen hat. Die Gneisbrocken zeugen von früheren Felsstürzen in dem Tal mit den steilen Flanken.

Links: Alpenrosen wachsen unter einer Lärche auf der Alpe Saléi zuoberst im Val Lavadina, einem Seitental des Onsernonetals im Tessin. Der vermodernde Baumstrunk nährt den kargen Boden an der Baumgrenze.

Rechte Seite: Lockerer Lärchenbestand und Alpenrosenstauden umgeben den kristallklaren Bergsee Laghetto del Saléi auf 1923 Metern im Val Lavadina. In der Ferne der Lago Maggiore und die Magadinoebene.

Mehrstämmige Bergföhre auf der Alpe Casaccia oberhalb von Acquacalda am Lukmanierpass (Passo del Lucomagno). Bevor die Alpwirtschaft hier Einzug hielt, war das ganze Gebiet von Wald bedeckt, daher der Name Lukmanier: Lucus Magnus hiess «der grosse Wald».

Links: Herbst bei Auressio im Onsernonetal, rechts am Hang das Dorf Loco. Die Nadel- und Buchenwälder auf der Schattenseite im Hintergrund des Tals gehören zum Waldreservat «Riserva forestale dell'Onsernone», 2002 errichtet durch den Kanton Tessin, die Gemeinde Onsernone und Pro Natura. Flammend gelb im Vordergrund eine Espe.

Rechte Seite: Tauwetter im Winterwald bei Cerentino am Eingang zum Valle di Bosco Gurin, einem Seitental des Valle di Campo und des Maggiatals. In dem hochgelegenen und – wie der Name sagt – bewaldeten Tal siedelten sich im 13. Jahrhundert Walser aus dem Wallis an. Im Hauptort Bosco Gurin, dem mit 1500 Metern über Meer höchstgelegenen Dorf des Tessin, finden sich noch einige der für Walsersiedlungen charakteristischen Holzbauten.

Bern und Freiburg

Herbstlicher Mischwald mit Buchen und Fichten im Abendlicht bei Waldegg oberhalb von Beatenberg mit dem klassischen Panorama der Berner Oberländer Riesen Jungfrau, Mönch und Eiger und der Spitze des Finsteraarhorns (von rechts).

Links: «Holz macht dreimal warm», sagt der Volksmund: beim Schlagen, beim Hacken und im Ofen. Auch heute noch sind Wälder wie der Dürsrütiwald bei Langnau im Emmental wichtige Energielieferanten. Als Brennholz gefragt ist vor allem Buche.

Rechte Seite: Ein Meer von spitzen Fichten und Weisstannen mit rundlichen Kronen breitet sich unter dem Aussichtsturm Chuderhüsi im Goucherewald bei Röthenbach im Emmental aus. Die Tannzapfen erinnern an Zeiten, als man sie noch sammelte und an der Sonne trocknete zum Einfeuern. Morgenrot über den Berner Oberländer Voralpen mit dem auffälligen Stockhorn.

Folgende Doppelseite: Blick vom Niederhorn über Beatenberg in den Berner Voralpen zum Sigriswilgrat mit dem markanten Sigriswiler Rothorn. Die Lawinenzüge im Steilhang über dem Justital lassen den Fichtenwald nur auf geschützten Kämmen zwischen den Runsen aufkommen.

Links: Mächtiger Bergahorn auf dem Undere Stafel der Alp Chaltenbrunnen im Reichenbachtal südlich von Meiringen. Früher lieferte er Streue und Futter für das Vieh.

Rechte Seite: Bergföhren im Moorgebiet auf dem Ober Stafel der Alp Chaltenbrunnen im Reichenbachtal. Blick zu den Kalkklippen der Engelhörner. Das Chaltenbrunnen-Moor gilt als eines der am besten erhaltenen Moorgebiete der Schweiz, da hier wegen der abgelegenen Lage nie Torf gestochen worden ist.

Links: Der Lauenensee oder Louwenesee im Lauenental, das sich von Gstaad im Saanenland nach Süden zum Wildhorn zieht. Er besteht aus zwei durch Sumpfland getrennte Teile in einem geschützten Moorgebiet. Bekannt auch durch einen Song der Berner Mundartband Span.

Rechte Seite: Fichtenwälder und hohe Felswände umgeben den durch einen prähistorischen Bergsturz entstandenen, fast kreisrunden Oeschinensee oberhalb von Kandersteg im Berner Oberland. Im Wasser spiegeln sich die Gipfel der Blüemlisalp- und Doldenhorngruppe. Seit 2007 gehört der Oeschinensee zum erweiterten UNESCO-Weltnaturerbe Schweizer Alpen Jungfrau-Aletsch.

Morgenstimmung auf dem Gurnigel, einem Höhenzug und Passübergang südlich von Riggisberg im Kanton Bern. Die Gegend an der Wasserscheide zwischen Gürbe, Sense und Schwarzwasser gleicht einem Flickenteppich aus Wald, Weiden, Flach- und Hochmooren und gehört zum regionalen Naturpark Gantrisch. Blick zu den Gipfeln von Gantrisch, Nüneneflue, Chrummfadeflue und Homad (von rechts). Ganz hinten Mönch, Eiger und Schreckhorn.

Links: Totholz im wilden und von Sagen umwobenen Naturreservat Breccaschlund im Kanton Freiburg. Lebensraum und Nahrung für Moos, Farne, Pilze, Insekten, Käfer, Kleintiere und Vögel. Totholz ist wichtig für die biologische Vielfalt und die Regulationsmechanismen im Ökosystem Wald.

Rechte Seite: Der Breccaschlund oberhalb des Schwarzsees im Kanton Freiburg, eine von Gletschern geformte Karstlandschaft mit Wäldern, Mooren und Alpweiden, ist ein Naturreservat und beliebtes Wandergebiet. Links oben die Spitzflue.

Wallis und Waadt

Im Aletschwald nahe der Riederalp am Rand des Grossen Aletschgletschers im Wallis stehen die ältesten Arven des Landes. Arven, auch Zirbelkiefern oder Zirben genannt, widerstehen grosser Kälte und werden Hunderte von Jahren alt. Im Naturreservat gedeihen auch Föhren, Birken, Erlen und Lärchen. Heidelbeer- und Alpenrosensträucher bedecken den Boden.

Urlandschaft im Aletschwald auf einer alten Moräne am Rand des Grossen Aletschgletschers, mit 70 Quadratkilometern und 23 Kilometern Länge der grösste Gletscher der Alpen. Der Wald steht seit 1933 unter Schutz und wird nicht mehr genutzt. Das Gebiet gehört zum UNESCO-Weltnaturerbe Schweizer Alpen Jungfrau-Aletsch. Am Horizont die Walliser Fiescherhörner mit dem Grossen Wannenhorn als höchstem Gipfel.

Links: Lärchen wachsen zwischen den Felsblöcken eines alten Bergsturzes auf der Gletscheralp bei der Fafleralp im hintersten Lötschental im Wallis. Moos und Flechten bewachsen die uralten Bäume.

Rechte Seite: Abendstimmung am Grundsee auf der Gletscheralp im hintersten Lötschental. Entstanden ist der idyllische Schmelzwassersee durch einen Moränenwall nach einem Vorstoss des Langgletschers. Über dem Lärchenwald die Chrindelspitza.

Links: Im August 2003 brannte während zehn Tagen der Wald auf der nördlichen Talseite oberhalb von Leuk. 300 Hektaren Wald mit 200 000 Bäumen wurden in einem der grössten Waldbrände der jüngsten Zeit zerstört – die Ursache war Brandstiftung. Während eines Monats standen Feuerwehr, Zivilschutz, Forstleute, Militär und weitere Rettungskräfte im Einsatz. Schutzmassnahmen gegen Steinschlag und Lawinen wurden nötig. Doch bald ergriff die Vegetation wieder Besitz von den zerstörten Flächen.

Rechte Seite: Der Illgraben auf der südlichen Talseite bei Leuk ist ein 1500 Meter tief in weiches Dolomitgestein eingefressenes Erosionsgebiet. Das Gelände rutscht bei intensiven Niederschlägen, die häufigen Murgänge lassen kaum Vegetation aufkommen. Auf Teilen des riesigen Schuttkegels im Rhonetal gedeiht der Pfynwald. Der Illgraben ist Teil des Naturparks Pfyn-Finges.

Links: Mit Sauerklee bewachsener Waldameisenbau im hintersten Turtmanntal, einem südwärts gegen den Alpenhauptkamm ziehenden Seitental des Wallis. Das schmale Tal mit steilen, stark bewaldeten Flanken ist nur im Sommer bewohnt und wird von Alpgenossenschaften bewirtschaftet. Mit 2200 Metern über Meer ist hier die höchste Waldgrenze Europas zu finden.

Rechte Seite: Nebenarm der mäandernden Rhone im unteren Pfynwald gegenüber von Salgesch an der Sprachgrenze zwischen Ober- und Unterwallis. Das Naturschutzgebiet mit einem der grössten zusammenhängenden Föhrenwäldern der Alpen gehört zum Naturpark Pfyn-Finges. Heute führt ein Naturlehrpfad durch den Wald, der einst wegen Räubern und Wegelagerern gefürchtet war.

Folgende Doppelseite: Herbst am Weg zur Riffelalp oberhalb von Zermatt. Die meisten Lärchen haben ihre nadelförmigen Blätter bereits verloren. Erster Schnee liegt auf den Flanken des Matterhorns.

Links: Auf der Alp Balavaux am Fuss des Dent de Nendaz im Unterwallis wachsen die mächtigsten Lärchen Europas. Einer der 250 Bäume des Bestandes ist rund 800 Jahre alt und hat einen Durchmesser von drei Metern.

Rechte Seite: Der Grindjisee auf der Findelalp oberhalb von Zermatt ist bekannt als Fotosujet mit dem Matterhorn, das sich im kristallklaren Wasser spiegelt. Hier einmal die umgekehrte Perspektive: Auch der Lärchenbestand im Herbstgold darf sich sehen lassen.

Links: Buchenwald am Flüsschen L'Avançon de Nant bei Les Plans-sur-Bex im Kanton Waadt. Das Vallon de Nant am Fuss des Grand Muveran gilt als wildestes Tal der Waadt und gehört zum Naturreservat Pont de Nant.

Rechte Seite: Am Ausfluss des Lac de Derborence, der durch Bergstürze von den Diablerets im 18. Jahrhundert aufgestaut worden ist. Der Roman «Derborence» des Waadländer Dichters Charles Ferdinand Ramuz erzählt die Geschichte der Bergstürze, welche die Alpen zerstörten sowie Menschen und Tiere begruben. Der See und die umgebenden Föhrenurwälder bilden ein von Pro Natura betreutes Naturschutzgebiet.

Morgenstimmung auf einer Alpweide beim Forêt de Charbonnière zwischen Gros Van und Lac de l'Hongrin im Pays d'Enhaut in den Waadtländer Voralpen. Der Name weist darauf hin, dass hier früher von Köhlern Holz zu Holzkohle verarbeitet wurde. Links am Bildrand der Monts Chevreuils, in der Ferne die Felsklippen der Gastlosen.

Jura

Ein Mehlbeerbäumchen auf der Wasserflue, einem Jurahöhenzug bei Küttigen im Kanton Aargau. Im Waldreservat Egg-Königstein, zu dem die Wasserflue gehört, wurden grössere Holzschläge durchgeführt zur Aufwertung des Lebensraums für Reptilien und gefährdete Pflanzen sowie zur Bewahrung der Biodiversität. Blick zu den bewaldeten Hügelzügen des Basler Jura.

Links: Winterlicher Zauberwald am Col du Mont Crosin, einem Passübergang über den Höhenzug der Montagne du Droit zwischen St-Imier und Tramelan im Berner Jura. Die Hochfläche der Montagne du Droit ist geprägt durch ausgedehnte Jurahochweiden mit Gruppen von mächtigen Fichten.

Rechte Seite: Winterstürme haben die Fichten am Chasseral mit Schnee verkrustet. Der markante Höhenzug des Faltenjura hoch über dem Bielersee ist mit 1607 Metern über Meer die höchste Erhebung des Berner Jura. Die Waldgrenze liegt 200 Meter tiefer, darüber befindet sich Weideland. Das Gebiet gehört zum regionalen Naturpark Chasseral mit einer grossen Vielfalt an Pflanzen und Tierarten.

Der Moorsee Etang de la Gruère in der Nähe von Saignelégier auf der Hochebene der Freiberge wurde schon im 17. Jahrhundert mit einem Erddamm aufgestaut. Der See und die angrenzenden Wälder stehen seit 1963 unter Naturschutz, hier wachsen Fichten, Bergföhren und Moorbirken. Bäume, die der Sturm Lothar im Dezember 1999 gefällt hatte, bleiben als wertvolles Totholz liegen.

Links: Laubwald im frühen Herbst in den Gorges de l'Areuse zwischen dem Val de Travers und dem Neuenburgersee. Die tiefe Schlucht mit mehreren Wasserfällen zählt zu den bedeutenden Natursehenswürdigkeiten im Jura und ist seit über hundert Jahren durch einen Wanderweg mit einer Reihe von Brücken und Stegen erschlossen.

Rechte Seite: Torfstecherei bildete seit dem 15. Jahrhundert bis nach dem Zweiten Weltkrieg einen wichtigen Erwerbszweig im Vallée des Ponts im Neuenburger Jura. Der Name des Tals und des Uhrmacherdorfes Les-Ponts-de-Martel geht auf die Holzstege zurück, mit denen man die Moorgebiete gangbar machte. Heute führt ein Moorpfad durch eines der grössten zusammenhängenden Hochmoore der Schweiz.

Links: Wie Obelisken ragen die mächtigen Fichten in die Höhe neben der Passstrasse über den Col de la Vue des Alpes zwischen Neuchâtel und La Chaux-de-Fonds im Neuenburger Jura.

Rechte Seite: Wer findet den Pferdekopf auf diesem Vexierbild? Spiel mit Licht und Schatten um die mit Raureif verzuckerten Föhren in den Franches Montagnes bei Saint-Brais im Kanton Jura.

Als gewaltiges Amphitheater umschliesst der Felskessel des Creux du Van im Jura eine 500 Meter tiefe Schlucht. Im Mischwald des Naturschutzgebiets an der Grenze zwischen den Kantonen Neuenburg und Waadt leben Gämsen, Steinböcke und Luchse. Ein atemberaubender Wanderweg führt entlang der sichelförmigen Krete. Das Gebiet gehört zum Bundesinventar der Landschaften und Naturdenkmäler von nationaler Bedeutung.

Links: Eine Gruppe von verkrüppelten Buchen auf der Alpweide von Le Soliat am Rand des Felskessels des Creux du Van. Den Kühen schmeckt das frische Laub der jungen Buchen, was den Wuchs der Bäume beeinträchtigt.

Rechte Seite: «Arm in Arm und Kron an Krone steht der Eichenwald verschlungen.» Das Gedicht von Gottfried Keller fällt einem bei diesem Bild ein. Allerdings handelt es sich hier nicht um Eichen, sondern um eine Gruppe von Buchen bei Le Mont südlich des Creux du Van im Waadtländer Jura.

Aus dieser Reihe

Seen, Flüsse, Wasserfälle und Gletscher prägen die Bergwelt der Schweiz. Die Kraft der Natur hat die einzigartige Vielfalt der Alpengewässer geformt und faszinierende Landschaften geschaffen. Versteckte, geheimnisvolle, verträumte – aber auch wilde und atemberaubende Orte, dominiert von einem Element: Wasser.

Roland Gerth, Emil Zopfi
Faszination Bergwasser – Die schönsten Wasserlandschaften der Schweiz
128 Seiten, 100 Abb., 30 x 24 cm, Hardcover
ISBN 978-3-906055-17-6

Der Fotograf

Roland Gerth, geboren 1955 in St. Gallen. Aufgewachsen in Thal am Bodensee, wo er nach einigen Wanderjahren heute wieder lebt. Ausbildung zum Primarlehrer, nebenbei erarbeitete er sich ein fotografisches Know-how, welches er auf einer 17-monatigen Reise durch Süd- und Nordamerika weiter verfeinerte.
1988 begann er, seine Bilder den Buch- und Kalenderverlagen in Deutschland und der Schweiz anzubieten. Mittlerweile wurden 33 Bücher und über 100 Autorenkalender mit seinen Fotos veröffentlicht. 2001 machte er sein Hobby zum Beruf und arbeitet seither als freischaffender Natur- und Reisefotograf. Seine Leidenschaft gilt spektakulären Naturlandschaften, die er auf allen Kontinenten, aber auch in seiner Heimat aufspürt und in speziellem Licht festzuhalten versteht.

Der Autor

Emil Zopfi, geboren 1943, studierte Elektrotechnik und arbeitete als Entwicklungsingenieur und Computerfachmann in der Industrie.
1977 erschien der Roman «Jede Minute kostet 33 Franken». Seither hat er mehrere Romane, Hörspiele und Kinderbücher verfasst, sowie Presseartikel, Reportagen, Kurzgeschichten und Kolumnen. Er lebt als freischaffender Schriftsteller in Zürich und ist passionierter Sportkletterer. Für seine Werke wurde er mit mehreren Preisen ausgezeichnet, u.a. von Stadt und Kanton Zürich, der Kulturstiftung Landis & Gyr, der Schweizerischen Schillerstiftung, dem Kulturpreis des Schweizer Alpen Clubs, dem King Albert I Mountain Award und dem Glarner Kulturpreis.

Rechte Seite: Abgestorbene Fichte auf einer Juraweide auf der Dent de Vaulion bei Vallorbe im Kanton Waadt. Blick zum Lac de Joux, dem grössten See im Jura. Sein Nordostufer bildet die bewaldete Gesteinsrippe Le Revers.

Folgende Doppelseite: Baumpilze besiedeln und zersetzen einen absterbenden Rotbuchenstamm im Tössstockgebiet im Zürcher Oberland. Die weiten Wälder im Quellgebiet der Töss fielen im 19. Jahrhundert der Ausbeutung und Rodung für die Berglandwirtschaft und die Industrie zum Opfer – verheerende Überschwemmungen waren die Folge. Der Kanton musste eingreifen, aufforsten und die Bäche verbauen lassen.